ANGELIKA ILIES

15-MINUTEN-
SINGLEKÜCHE

FOTOGRAFIE: COCO LANG

INHALT

Öffnen Sie die Klappen dieses Buches.
Dort finden Sie die wichtigsten Infos zum Thema auf einen Blick!

DAS PRINZIP:
SCHNELLE
SINGLEKÜCHE

PIMP YOUR
PLATE

Immer griffbereit:

SO GEHT'S:
BLITZKOCHEN
FÜR SINGLES

Immer griffbereit:

SO GEHT'S:
BLITZ-BEILAGEN

GU CLOU

Wussten Sie schon, dass ...?
Entdecken Sie bei einigen ausgewähl-
ten Rezepten ganz besondere Tipps
mit verblüffendem Insiderwissen.
Aha-Momente garantiert!

Mit diesem Symbol sind alle vegetarischen
Gerichte gekennzeichnet.

Die Backzeiten können je nach Herd variie-
ren. Unsere Temperaturangaben beziehen
sich auf das Backen im Elektroherd mit
Ober- und Unterhitze.

Sammeln Ihrer Lieblingsrezepte
mit der »GU Kochen Plus«-App
(siehe S. 64)

REZEPTKAPITEL

06 ONE POT & ONE PAN

20 LUNCH TO GO

34 TAKE 5

46 SINGLE-SOULFOOD

ANGELIKA ILIES

Goodbye Lieferdienst, Imbissbude und Tiefkühl-Pizza. Dank der Blitz-Rezepte unserer Autorin bekommt Fastfood ein ganz neues Gesicht! Alles steht in 15 Minuten auf dem Tisch und benötigt nur wenige Zutaten, von denen etliche im Vorrat sind.

Sind Singlegerichte langweilig?

Nein, ganz sicher nicht! Für eine Person lässt sich sehr kreativ und abwechslungsreich kochen. Wenige Zutaten geschickt kombinieren – das ist schon das Geheimnis. Dabei werden Produkte aus dem Vorrat ergänzt durch Frisches wie Tomaten, Salat oder Fleisch. Der Griff zu Fertigprodukten ist überflüssig und wird künftig sicherlich nur noch die Ausnahme sein.

Was ist das A und O?

Eine durchdachte und Ihren Vorlieben angepasste Vorratshaltung, denn Sie wollen ja nicht täglich einkaufen. Etliche Lebensmittel warten monatelang im Vorratsschrank auf ihren Einsatz. Und auch im Kühlschrank kann Vieles fürs spontane Kochen bereit liegen. Dank der Frischezonen in modernen Geräten sind selbst Obst und Gemüse länger haltbar. Und glücklicherweise hat sich der Handel längst auf die steigende Zahl von Singlehaushalten eingestellt und bietet inzwischen immer mehr kleine Portions-Packungen an.

Warum Singlegerichte im Familienhaushalt?

Kochen für eine Person – die Aufgabe stellt sich auch im Familienhaushalt immer wieder. Beruf und Studium verhindern im Alltag oft, dass alle gemeinsam am Tisch sitzen. Dennoch soll natürlich jede und jeder etwas »Vernünftiges« zu essen haben. Da kommt es schon mal vor, dass für die Tochter ein Lunch »to go« vorbereitet wird oder der Sohn abends noch schnell ein Schnitzel brät. Und für mich allein kombiniere ich mittags oft Frisches aus dem Kühlschrank mit Zutaten aus dem Vorrat zu einem leckeren Blitz-Essen.

SCHNELL & WÜRZIG: SÜSSKARTOFFEL-CURRY

1 große Süßkartoffel (ca. 350 g) schälen und in ca. 2 cm große Würfel schneiden

1 große Zwiebel schälen und grob würfeln.

1 EL Öl in einem Topf oder Wok erhitzen und die Zwiebel darin bei großer Hitze in knapp 1 Min. goldbraun braten. Süßkartoffel dazugeben und ca. 1 Min. rundherum anbraten.

2 TL scharfes Currypulver darüberstreuen und kurz anschwitzen.

Salz, Pfeffer

Mit 125 ml Gemüsebrühe ablöschen und 100 g TK-Erbsen einrühren.

2 EL Sahne-Joghurt

Alles aufkochen und zugedeckt bei kleiner Hitze ca. 5 Min. köcheln lassen. Das Curry mit Salz und Pfeffer abschmecken, auf einen Teller umfüllen und mit dem Sahne-Joghurt toppen.

ONE POT & ONE PAN

Für 1 Person • 15 Min. Zubereitung • Pro Portion ca. 580 kcal, 26 g E, 21 g F, 67 g KH

PILZPFANNE MIT ASIANUDELN 🌿

PREISWERT

80 g Mie-Nudeln
2 Frühlingszwiebeln
150 g Champignons
150 g Kräuterseitlinge
1 EL Öl
1 TL Garam Masala (ind.
   Gewürzmischung)
2 EL Sojasauce
Pfeffer
2 EL geröstete gesalzene
   Cashewkerne

1 Die Mie-Nudeln in einer Schüssel mit kochend heißem Wasser übergießen und ca. 10 Min. quellen lassen. Inzwischen die Frühlingszwiebeln putzen, waschen und in dünne Ringe schneiden. Die Champignons und die Kräuterseitlinge putzen, mit einem feuchten Tuch abreiben und grob zerschneiden.

2 Das Öl in einem Wok oder einer breiten Pfanne erhitzen. Etwas Frühlingszwiebelgrün beiseitelegen, den Rest der Frühlingszwiebeln im Öl bei großer Hitze ca. 30 Sek. anbraten. Die Pilze dazugeben und bei großer Hitze ca. 3 Min. unter häufigem Rühren braten.

3 Das Gemüse mit Garam Masala, Sojasauce und Pfeffer würzen. Die Nudeln in ein Sieb abgießen und dazugeben. Ca. 100 ml Wasser angießen, alles aufkochen und bei mittlerer Hitze noch 1–2 Min. köcheln lassen. Die Pilzpfanne abschmecken und auf einen Teller füllen. Die Cashewkerne grob hacken und daraufstreuen.

Für 1 Person • 15 Min. Zubereitung • Pro Portion ca. 600 kcal, 17 g E, 34 g F, 51 g KH

MAISTALER MIT AVOCADO 🌿

PREISWERT

*1 kleine Dose Maiskörner
(ca. 140 g Abtropfgewicht)
1 Ei
3 EL Mehl
Salz, Pfeffer
½ TL getrockneter Thymian
1 EL Öl
1 feste Tomate
½ Avocado
2 EL Aceto balsamico*

1 Die Maiskörner mit dem Sud aus der Dose in eine Schüssel geben. Das Ei und das Mehl dazugeben, alles mit Salz, Pfeffer und Thymian würzen und gründlich verrühren. Das Öl in einer beschichteten Pfanne verteilen und erhitzen.

2 Für jeden Taler gut 1 EL von der Maismischung in die Pfanne geben. Die Taler bei mittlerer Hitze pro Seite 3–4 Min. goldbraun backen, zwischendurch einmal wenden (die Menge ergibt 4–5 Stück).

3 Inzwischen die Tomate waschen und abtrocknen, halbieren und entkernen, dann ohne den Stielansatz in Würfel oder Spalten schneiden. Die Avocadohälfte schälen, entkernen und ebenfalls in Würfel oder Spalten schneiden. Die Maistaler auf einen Teller geben, die Avocado- und Tomatenstücke daraufstreuen und mit dem Essig beträufeln sowie mit Salz und Pfeffer würzen.

Für 1 Person • 15 Min. Zubereitung • Pro Portion ca. 640 kcal, 38 g E, 35 g F, 43 g KH

THUNFISCH-PFANNKUCHEN

AROMATISCH

1 Ei
100 ml Milch
50 g Mehl
Salz, Pfeffer
1 kleine Dose Thunfisch im
* eigenen Saft (ca. 56 g Ab-*
* tropfgewicht)*
50 g Schafskäse (z. B. Feta)
1 EL Olivenöl
6 schwarze Oliven (entsteint)
2 Stängel Oregano (ersatz-
* weise 1 TL getrockneter*
* Oregano)*

1 Das Ei mit der Milch und dem Mehl sowie mit etwas Salz und Pfeffer in eine Schüssel geben. Alle Zutaten mit einem Schneebesen zu einem glatten Teig verrühren. Den Thunfisch abtropfen lassen und die Stücke etwas kleiner zupfen. Den Feta grob zerbröckeln.

2 Das Olivenöl in einer Pfanne verteilen und erhitzen. Den Pfannkuchenteig hineingeben. Thunfisch, Feta und Oliven darauf verteilen. Alles zugedeckt bei mittlerer Hitze ca. 6 Min. backen. Den Pfannkuchen einmal wenden und noch ca. 1 Min. backen.

3 Den Oregano waschen, trocken schütteln und die Blätter abzupfen. Den Pfannkuchen auf einen Teller gleiten lassen und mit den Oreganoblättern bestreuen.

Für 1 Person • 15 Min. Zubereitung • Pro Portion ca. 775 kcal, 52 g E, 42 g F, 42 g KH

CHAMPIGNON-RAHMGULASCH

ETWAS BESONDERES

250 g kleine feste Champignons
1 Zwiebel
150 g Schweineschnitzel
1 EL Öl
60 g Sahne
Salz, Pfeffer
¼ TL rosenscharfes Paprika-
*   pulver*
3 Stängel Majoran (ersatz-
*   weise 1 TL getrockneter*
*   Majoran)*
2 EL Kräuter-Frischkäse
1 Baguettebrötchen

1 Die Champignons putzen, mit einem feuchten Tuch abreiben und etwas kleiner schneiden. Die Zwiebel schälen und grob würfeln. Das Schnitzel trocken tupfen und in mundgerechte Stücke schneiden.

2 Das Öl in einem Topf erhitzen. Die Fleischstücke und die Zwiebel-würfel hineingeben und bei großer Hitze unter Rühren rundherum anbraten. Die Champignons dazugeben und kurz mit anbraten. Die Sahne hinzufügen und unterrühren.

3 Das Gulasch mit Salz, Pfeffer und dem Paprikapulver würzen und bei mittlerer Hitze ca. 5 Min. köcheln lassen. Inzwischen den Majoran waschen und trocken schütteln, die Blätter abzupfen, eventuell etwas kleiner schneiden und in den Topf geben. Das Gulasch abschmecken und auf einen tiefen Teller füllen. Mit dem Kräuter-Frischkäse toppen. Das Baguettebrötchen dazu essen.

Für 1 Person • 15 Min. Zubereitung • Pro Portion ca. 555 kcal, 21 g E, 19 g F, 71 g KH

ONE-POT-PASTA 🌿

GÜNSTIG

1 große Zwiebel
1 EL Olivenöl
1 EL Tomatenmark
½ TL Gemüsebrühe (Instant)
80 g kurze Makkaroni (Kochzeit
  ca. 6 Min.)
1 sehr kleine Dose Kidneybohnen
  (ca. 60 g Abtropfgewicht)
Salz, Pfeffer
1 Prise Chiliflocken
50 g Ziegenfrischkäse
1 EL TK-Schnittlauchröllchen

1 Die Zwiebel schälen und der Länge nach halbieren. Die Hälften mit der Schnittfläche auf ein Brett legen und quer in dünne Scheiben schneiden.

2 Das Öl in einem Topf erhitzen und die Zwiebelstreifen darin bei mittlerer Hitze 1–2 Min. goldbraun anbraten. Das Tomatenmark einrühren und mit andünsten, dann 250 ml Wasser angießen und die Brühe dazugeben. Das Wasser aufkochen lassen.

3 Die Makkaroni in den Topf geben und gut unterrühren. Die Nudeln bei mittlerer Hitze unter häufigem Rühren ca. 6 Min. garen. Wenn die Mischung zu trocken wird und die Nudeln am Topfboden ansetzen, löffelweise Wasser unterrühren.

4 Die Kidneybohnen in ein Sieb schütten und kalt abbrausen. Zu den Nudeln geben und alles noch ca. 2 Min. unter ständigem Rühren kochen lassen, bis die Nudeln bissfest sind. Das Gericht mit Salz, Pfeffer und Chiliflocken abschmecken und auf einen tiefen Teller füllen. Den Ziegenfrischkäse auf die Nudeln geben und alles mit dem Schnittlauch bestreuen.

GU
CLOU

One-Pot-Pasta ist ein ideales Gericht für die schnelle Singleküche. Schnell im doppelten Sinn, denn auch der Abwasch ist ruckzuck erledigt – schließlich werden alle Zutaten in einem Topf gekocht!

ZUCCHINI-BOHNEN-QUESADILLA

MEXIKANISCH

Für 1 Person • 15 Min. Zubereitung • Pro Portion ca. 820 kcal, 32 g E, 37 g F, 85 g KH

*1 sehr kleine Dose Kidneybohnen
    (ca. 60 g Abtropfgewicht)*
1 Zwiebel
1 kleiner Zucchino (ca. 100 g)
1 EL Olivenöl
Salz, Pfeffer
1 TL getrockneter Thymian
*2 Tortillafladen (z. B. Mehrkorn-
    Wraps; 24 cm ⌀; je ca. 60 g)*
*3 EL Ajvar (Paprikacreme; aus
    dem Glas)*
50 g geriebener Emmentaler

GUT ZU WISSEN

Seit einiger Zeit gibt es eine neue Größe bei Gemüsekonserven. Jede Minidose enthält 80 g (abgetropft 60 g). Wenn die Minis nicht zu bekommen sind, einfach die Hälfte von einer 200-g-Dose nehmen, den Rest umfüllen und zugedeckt kalt stellen.

1 Die Kidneybohnen in ein Sieb geben, kalt abbrausen und gut abtropfen lassen. In eine Schüssel umfüllen und mit den anderen Zutaten bereitstellen (Bild 1). Die Zwiebel schälen und in dünne Spalten schneiden Den Zucchino putzen, waschen und längs in dünne Scheiben schneiden. Die Scheiben aufeinanderlegen und längs in schmale Streifen schneiden, die Streifen zusammenfassen und quer in feine Würfel schneiden (Bild 2).

2 In einer Pfanne (groß genug für die Fladen) ca. 2 TL Olivenöl erhitzen. Zwiebelspalten und Zucchiniwürfel darin bei großer Hitze unter Rühren ca. 1 Min. anbraten. Die Kidneybohnen dazugeben. Das Gemüse mit etwas Salz, Pfeffer und Thymian würzen und in eine Schüssel umfüllen (Bild 3). Die Pfanne mit einem Küchenpapier leicht auswischen.

3 Einen Tortillafladen auf die Arbeitsfläche legen und mit dem Ajvar bestreichen, dabei rundherum einen ca. 2 cm breiten Rand frei lassen. Die Zucchinimischung und den geriebenen Käse darauf verteilen (Bild 4). Den Teigrand mit Wasser einpinseln, dann alles mit dem zweiten Fladen abdecken. Den Teigrand rundherum mit den Fingern leicht andrücken.

4 Das restliche Öl in der Pfanne verteilen und erhitzen. Die Quesadilla hineinlegen und bei mittlerer Hitze ca. 1 Min. braten, dabei die Ränder vorsichtig mit der Rundung eines Teelöffels flach drücken (Bild 5). Die Quesadilla auf einen flachen großen Teller gleiten lassen und umgedreht wieder in die Pfanne geben. Die Quesadilla noch ca. 1 Min. braten, dann auf ein rundes Holzbrett oder einen Teller heben, in Stücke schneiden und genießen (Bild 6).

Für 1 Person • 15 Min. Zubereitung • Pro Portion ca. 740 kcal, 49 g E, 17 g F, 88 g KH

ARABISCHE HACKFLEISCHPFANNE

WÜRZIG

1 große Zwiebel
1 kleine grüne Paprika
1 TL Rapsöl
150 g mageres Rinderhack-
*   fleisch*
1 kleine Dose Kichererbsen
*   (ca. 130 g Abtropfgewicht)*
1 TL Ras el hanout (arabi-
*   sche Gewürzmischung)*
Salz, Pfeffer
4 getrocknete Feigen
2 Stängel Petersilie (ersatz-
*   weise 1 TL TK-Petersilie)*
1 kleines Pita-Fladenbrot

1 Die Zwiebel schälen und in feine Würfel schneiden. Die Paprika waschen, halbieren, weiße Trennwände und Kerne entfernen. Die Hälften in Streifen schneiden.

2 Das Rapsöl in einer Pfanne erhitzen. Das Hackfleisch darin bei großer Hitze unter Rühren 1–2 Min. anbraten. Die Zwiebelwürfel und die Paprikastreifen einrühren und kurz mit anbraten. Die Kichererbsen mitsamt dem Sud in die Pfanne geben und unterrühren. Alles mit Ras el hanout, Salz und Pfeffer würzen und bei kleiner Hitze gut 5 Min. köcheln lassen.

3 Inzwischen die Feigen von den Stielansätzen befreien und klein schneiden. Dazugeben und unterrühren. Das Gericht abschmecken und auf einen Teller geben. Die Petersilie waschen, trocken tupfen, hacken und darüberstreuen. Das Pita-Fladenbrot dazu essen.

Für 1 Person • 15 Min. Zubereitung • Pro Portion ca. 610 kcal, 44 g E, 27 g F, 41 g KH

LAUCHEINTOPF MIT KASSELER

WINTER-REZEPT

1 dünne Lauchstange
125 g gegartes Kasseler
1 EL Rapsöl
250 ml Gemüsebrühe
Salz, Pfeffer
edelsüßes Paprikapulver
40 g rote Linsen
1 kleine Birne
2 EL geriebener Emmentaler

1 Den Lauch putzen, längs aufschneiden und waschen. Trocken tupfen und in dünne Ringe schneiden. Das Kasseler in 2 cm große Würfel schneiden. Das Öl in einem Topf leicht erhitzen, den Lauch und das Kasseler hineingeben und bei mittlerer Hitze ca. 3 Min. unter häufigem Rühren anbraten. Mit der Brühe ablöschen, mit Salz, Pfeffer und Paprikapulver würzen und zum Kochen bringen.

2 Die roten Linsen hinzufügen und alles wieder zum Kochen bringen. Zugedeckt bei kleiner bis mittlerer Hitze ca. 7 Min. köcheln lassen, bis die Linsen bissfest sind.

3 Inzwischen die Birne waschen und abtrocknen, vierteln und entkernen. Die Viertel quer in dünne Scheiben schneiden, unter den Eintopf mischen und kurz erhitzen. Den Laucheintopf abschmecken und auf einen Teller umfüllen. Mit dem Käse bestreut genießen.

Für 1 Person • 15 Min. Zubereitung • Pro Portion ca. 695 kcal, 23 g E, 43 g F, 49 g KH

KARTOFFEL-BRATWURST-PFANNE

PREISWERT

1 große dicke Kartoffel (ca. 300 g)
1 EL Olivenöl
1 grobe Bratwurst (ca. 125 g)
6 Zweige Thymian (ersatzwei-
*   se 1 ½ TL getrockneter Thymian)*
3 Frühlingszwiebeln
Salz, Pfeffer
rosenscharfes Paprikapulver
2 EL Tomatenketchup

GUT ZU WISSEN

Kartoffeln passen eigentlich nicht so gut zur schnellen Küche. Es sei denn, sie werden, wie in diesem Rezept, sehr klein gewürfelt. Dann sind sie innerhalb von ca. 10 Min. gar.

1 Die Kartoffel schälen, waschen und ca. 1 cm groß würfeln. Dafür erst in ca. 1 cm dicke Scheiben schneiden, mehrere Scheiben aufeinanderlegen und in 1 cm breite Stifte schneiden. Die Stifte dann quer in 1 cm breite Würfel schneiden.

2 Das Öl in einer breiten Pfanne erhitzen, die Kartoffelwürfel dazugeben und bei mittlerer Hitze insgesamt 10–12 Min. braten, zwischendurch die Pfanne mehrmals rütteln. Sobald die Kartoffeln in der Pfanne sind, die Bratwurst längs aufschneiden, das Brät herauslösen und zu haselnussgroßen Kugeln formen. Fertige Kugeln sofort zu den Kartoffeln geben.

3 Den Thymian waschen und trocken schütteln, die Blätter abstreifen und in die Pfanne geben. Die Frühlingszwiebeln putzen, waschen und in Ringe schneiden, ebenfalls in die Pfanne geben. Alles mit wenig Salz (Bratwurst ist oft schon salzig) und mit Pfeffer würzen und weiterbraten, bis die Kartoffeln bissfest sind. Das Gericht auf einen Teller umfüllen und mit etwas Paprikapulver bestreuen. Das Ketchup dazugeben.

LUNCH TO GO

Für 1 Person • 15 Min. Zubereitung • Pro Portion ca. 790 kcal, 43 g E, 35 g F, 72 g KH

NUDELSALAT MIT BOHNEN 🍃

EINFACH

Salz

*200 g breite Bohnen (Stangen-
bohnen)*

*80 g Nudeln (z. B. Makkaroni;
Kochzeit ca. 6 Min.)*

100 g Skyr

1 EL Zitronensaft

1 EL Olivenöl

Pfeffer

*50 g geräucherter Käse (z. B.
Scarmoza)*

15 g Mandeln

TAUSCH-TIPP

Statt geräuchertem Käse Feta
oder einen aromatischen Bergkäse verwenden. Anstelle der
herkömmlichen Mandeln
schmecken auch geräucherte
und gesalzene Mandeln, die im
Supermarkt meist bei den herz-
haften Snacks zu finden sind.

1 In einem Topf ca. 1 l leicht gesalzenes Wasser zugedeckt zum
Kochen bringen. Währenddessen die Bohnen putzen, waschen
und schräg in mundgerechte Stücke schneiden. Die Bohnen und
die Nudeln in das kochende Wasser geben und bei mittlerer
Hitze ca. 6 Min. kochen lassen.

2 Inzwischen den Skyr mit dem Zitronensaft und dem Olivenöl
verrühren. Das Dressing mit Pfeffer und etwas Salz abschmecken.

3 Den Käse in ca. 1 cm große Würfel schneiden und die Mandeln etwas kleiner hacken.

4 Die Nudeln und die Bohnen in ein Sieb abgießen und mit
kaltem Wasser abbrausen, damit der Garprozess gestoppt wird.
In eine Salatschüssel füllen, das Dressing, den Käse und die
Mandeln darüber verteilen.

Für 1 Person • 15 Min. Zubereitung • Pro Portion ca. 580 kcal, 31 g E, 29 g F, 41 g KH

LINSEN-KOHLRABI-SALAT 🍃

VITAMINREICH

100 ml Gemüsebrühe
50 g rote Linsen
50 g Emmentaler
1 Kohlrabi
1 kleiner Apfel mit grüner
  Schale (z. B. Granny Smith)
2 EL Apfelessig
Salz, Pfeffer
1 EL Olivenöl
4 Stängel Petersilie (ersatz-
  weise 1 EL TK-Petersilie)

1 In einem kleinen Topf die Gemüsebrühe aufkochen. Die Linsen einrühren und zugedeckt bei kleiner Hitze ca. 5 Min. dünsten. Die Linsen sollen bissfest bleiben.

2 Inzwischen den Emmentaler in 1–2 cm große Würfel schneiden. Den Kohlrabi schälen, zartes Blattgrün beiseitelegen. Den Apfel waschen und abtrocknen, vierteln und entkernen. Den Kohlrabi und die Apfelviertel in 1–2 cm große Würfel schneiden. In einer Schüssel den Essig mit Salz, Pfeffer und dem Olivenöl gründlich verquirlen. Die vorbereiteten Zutaten darin wenden.

3 Das Kohlrabigrün und die Petersilie waschen, trocken schütteln und in schmale Streifen schneiden. Beides mit den Linsen – sie sollten die Brühe nahezu aufgenommen haben – zu den anderen Zutaten geben. Alles gut mischen und abschmecken. Den Salat in eine Lunchbox oder in ein Glas umfüllen und verschließen.

Für 1 Person • 15 Min. Zubereitung • Pro Portion ca. 445 kcal, 18 g E, 28 g F, 22 g KH

GEBRATENER BLUMENKOHLSALAT

ORIENTALISCH

150 g Blumenkohlröschen
(ersatzweise TK-Blumen-
kohlröschen, aufgetaut)
1 EL Olivenöl
1 Orange
2 zarte Frühlingszwiebeln
3 Stängel Minze
2 EL Limettensaft
Salz, Pfeffer
½ TL gemahlener Kreuz-
kümmel
50 g Schafskäse (z. B. Feta)
1 EL geröstete Erdnusskerne

1 Die Blumenkohlröschen putzen, waschen und halbieren oder vierteln. Das Öl in einer Pfanne verteilen und erhitzen. Die Blumenkohlröschen hineingeben und bei mittlerer Hitze ca. 10 Min. braten.

2 Inzwischen die Orange schälen und in mundgerechte Stücke schneiden, die Kerne dabei entfernen und abtropfenden Saft auffangen. Die Frühlingszwiebeln putzen, waschen und in sehr dünne Ringe schneiden. Die Minze waschen, trocken tupfen und hacken.

3 Den Blumenkohl in eine Schüssel geben und mit dem Limettensaft beträufeln. Die Orange, die Frühlingszwiebeln und die Minze dazugeben, alles vermischen und mit Salz, Pfeffer und Kreuzkümmel abschmecken. Den Feta darüberbröckeln und die Erdnusskerne daraufstreuen. Den Blumenkohlsalat in eine Lunchbox umfüllen.

Für 1 Person • 15 Min. Zubereitung • Pro Portion ca. 660 kcal, 58 g E, 30 g F, 33 g KH

PUTEN-MÖHREN-SALAT MIT PARMESANDRESSING

VITAMINREICH

FÜR DAS FLEISCH

140 g Putenbrustfilet
1 EL Olivenöl
Salz, Pfeffer

FÜR DEN SALAT

1 Möhre (ca. 120 g)
2 zarte Frühlingszwiebeln
1 kleine Dose Maiskörner
    (ca. 140 g Abtropfgewicht)

FÜR DAS DRESSING

50 g Parmesan
75 g Joghurt (1,5 % Fett)
1 EL Zitronensaft
1 Prise Chiliflocken
Salz, Pfeffer

FLEISCH: Das Putenbrustfilet trocken tupfen und in 1–2 cm große Würfel schneiden. Das Olivenöl in einer kleinen Pfanne erhitzen und das Fleisch darin bei mittlerer Hitze ca. 4 Min. braten, zwischendurch mit Salz und Pfeffer würzen und mehrmals wenden.

SALAT: Inzwischen die Möhre putzen, schälen und auf einer Küchenreibe grob raspeln. Die Frühlingszwiebeln putzen, waschen und in sehr feine Ringe schneiden. Den Mais in einem Sieb abtropfen lassen.

DRESSING: Den Parmesan grob raspeln. 1 EL davon beiseitestellen, den Rest mit dem Joghurt und dem Zitronensaft verrühren, mit Chiliflocken, Salz und Pfeffer abschmecken.

FERTIGSTELLEN: Das Putenfleisch mit den Möhrenraspeln, den Frühlingszwiebeln und dem Mais in einer Schüssel mischen. Dann in ein großes Glas mit Schraubdeckel umfüllen. Das Dressing darübergeben und den Salat zum Schluss mit dem übrigen Parmesan (1 EL) bestreuen. Das Glas fest verschließen und mit an den Arbeitsplatz oder in die Uni nehmen. Wird der Salat am Vorabend zubereitet, das Glas über Nacht in den Kühlschrank stellen.

Für 1 Person • 15 Min. Zubereitung • Pro Portion ca. 785 kcal, 25 g E, 40 g F, 71 g KH

KICHERERBSEN-COUSCOUS-SALAT 🌿

VEGAN

25 g Mandeln
125 ml Gemüsebrühe
60 g Couscous
1 Möhre (ca. 100 g)
4 Stängel Petersilie (ersatzweise 2 TL TK-Petersilie)
1 kleine Dose Kichererbsen (ca. 130 g Abtropfgewicht)
2 EL Weißweinessig
1 TL mittelscharfer Senf
Salz, Pfeffer
edelsüßes Paprikapulver
2 EL Olivenöl

GUT ZU WISSEN

Dieser Salat lässt sich gut in einem großen Glas mitnehmen und direkt daraus essen. Da die Kichererbsen zuletzt eingeschichtet werden, tropft die Marinade auch über die anderen Zutaten und die Aromen vermischen sich, ohne dass etwas matschig wird.

1 Die Mandeln etwas kleiner hacken, in einen kleinen Topf geben und darin ohne Fett bei mittlerer Hitze ganz leicht anrösten. Die Brühe angießen und aufkochen lassen, dann den Couscous einrühren. Den Topf von der Kochplatte nehmen und den Couscous ca. 5 Min. ausquellen lassen.

2 Inzwischen die Möhre putzen, schälen und grob raspeln. Die Petersilie waschen und trocken tupfen, die Blätter abzupfen und fein hacken. Die Kichererbsen in ein Sieb abgießen und abtropfen lassen.

3 Den Essig mit dem Senf, Salz, Pfeffer und Paprikapulver in einer Schüssel verrühren. Das Olivenöl mit einem Schneebesen gründlich unterschlagen. Die Kichererbsen hinzufügen und in dem Dressing wenden.

4 Den Couscous in ein großes Glas mit Schraubdeckel umfüllen. Die Möhrenraspel und die Petersilie daraufgeben, dann die Kichererbsen samt Dressing einfüllen. Das Glas verschließen und mit an den Arbeitsplatz nehmen. Oder alle Zutaten in einer Schüssel gut mischen, auf einen Teller umfüllen und den Salat sofort genießen.

Für 1 Person • 10 Min. Zubereitung • Pro Portion ca. 450 kcal, 12 g E, 35 g F, 13 g KH

PAK-CHOI-SALAT MIT SESAM

VEGAN

2 Mini-Pak Choi (ca. 160 g)
1 kleine rote Spitzpaprika
1 Möhre
2 EL helle Sojasauce
Pfeffer
½ TL gemahlener Koriander
2 EL Apfelessig
2 EL geröstetes Sesamöl
Salz
3 EL ungeschälter Sesam

1 Die Mini-Pak Choi putzen, waschen und trocken schütteln. Die Spitzpaprika waschen, halbieren, weiße Trennwände und Kerne entfernen. Alles quer in dünne Streifen schneiden. Die Möhre putzen, schälen und in Scheiben schneiden.

2 In einer Schüssel die Sojasauce mit etwas Pfeffer, gemahlenem Koriander, Essig und Sesamöl gut verquirlen. Das vorbereitete Gemüse darin wenden und mit etwas Salz abschmecken – Achtung, die Sojasauce sorgt bereits für salzigen Geschmack.

3 Die Sesamsamen in einer kleinen beschichteten Pfanne bei mittlerer Hitze ohne Fett leicht anrösten, bis sie angenehm duften. Die Pfanne von der Herdplatte ziehen. Den Pak-Choi-Salat in eine Lunchbox oder in ein Glas umfüllen und mit dem Sesam bestreuen. Das Glas verschließen.

Für 1 Person • 15 Min. Zubereitung • Pro Portion ca. 655 kcal, 47 g E, 23 g F, 58 g KH

GLASNUDELSALAT MIT BEEF

THAILÄNDISCH

Salz
50 g Glasnudeln
75 g TK-Erbsen
1 EL Öl
150 g mageres Rinderhack-
  fleisch
Pfeffer
2 Prisen Chiliflocken
1 Stück Salatgurke (100 g)
2 EL Limettensaft
2 EL helle Sojasauce
2 EL geröstete Erdnusskerne

1 In einem Topf ca. 500 ml Wasser zum Kochen bringen. 1 TL Salz, die Glasnudeln und die Erbsen hineingeben und ca. 3 Min. kochen lassen. Inzwischen das Öl in einer kleinen Pfanne erhitzen. Das Hackfleisch darin bei großer Hitze unter häufigem Rühren ca. 3 Min. krümelig braten, mit Salz, Pfeffer und den Chiliflocken würzen. Die Pfanne von der Herdplatte nehmen.

2 Erbsen und Glasnudeln in ein Sieb abgießen, kalt abbrausen und gut abtropfen lassen. Die Glasnudeln eventuell mit einer Schere etwas kürzen. Erbsen und Glasnudeln in eine Schüssel umfüllen. Das Hackfleisch dazugeben.

3 Die Gurke waschen oder schälen, halbieren und entkernen. Die Hälften quer in Scheiben schneiden und mit Limettensaft und Soja-sauce in die Schüssel geben. Alles mischen, abschmecken und in ein Glas füllen. Mit den Erdnüssen bestreuen und das Glas verschließen.

Für 1 Person • 15 Min. Zubereitung • Pro Portion ca. 885 kcal, 37 g E, 47 g F, 69 g KH

QUINOA-SALAT MIT TRAUBEN 🍃

FRUCHTIG

80 g Quinoa
Salz
50 g TK-Erbsen
100 g blaue kernlose Wein-
  trauben
60 g Bergkäse
1 EL Pinienkerne
3 Stängel Basilikum
3 EL Aceto balsamico bianco
1 TL süßer Senf
Pfeffer
2 EL Olivenöl

1 Die Quinoa mit der doppelten Menge leicht gesalzenem Wasser in einem Topf zum Kochen bringen. Die Hitze reduzieren und die Quinoa bei kleiner Hitze ca. 3 Min. zugedeckt köcheln lassen. Die Erbsen dazugeben und alles weitere 7–8 Min. zugedeckt garen.

2 Inzwischen die Weintrauben waschen, von den Stielen zupfen und eventuell halbieren. Den Käse in kleine Würfel schneiden. Die Pinienkerne in einer kleinen beschichteten Pfanne ohne Fett leicht anrösten. Das Basilikum waschen und trocken tupfen, die Blätter abzupfen und sehr fein schneiden.

3 Den Essig mit Senf, Salz und Pfeffer verrühren. Das Olivenöl mit einem Schneebesen unterschlagen. Alle vorbereiteten Zutaten in dem Dressing wenden. Den Salat mit Salz und Pfeffer abschmecken und gleich genießen oder für die Mittagspause einpacken.

Für 1 Person • 15 Min. Zubereitung • Pro Portion ca. 610 kcal, 14 g E, 25 g F, 75 g KH

REISSALAT MIT ZUCKERSCHOTEN

INDONESISCH

75 g Zuckerschoten
75 g 8-Minuten-Reis
Salz
2 zarte Frühlingszwiebeln
60 g Mungbohnensprossen
1 Tomate
2 EL Sojaöl
1 EL süße Sojasauce
2 EL Zitronensaft
1 TL Sambal Oelek
1 EL geröstete gesalzene
  Cashewkerne

1 Die Zuckerschoten putzen, waschen und schräg halbieren. Den Reis in einen kleinen Topf geben und mit ca. 200 ml Wasser übergießen. Leicht salzen und zum Kochen bringen. Zugedeckt bei mittlerer Hitze ca. 3 Min. köcheln. Die Zuckerschoten dazugeben und alles weitere 5 Min. garen, anschließend in ein Sieb abgießen und gut abtropfen lassen.

2 Inzwischen die Frühlingszwiebeln putzen, waschen und in dünne schräge Ringe schneiden. Mungbohnensprossen kalt abbrausen und abtropfen lassen. Die Tomate waschen, vierteln und entkernen, den Stielansatz herausschneiden und die Viertel quer halbieren.

3 Das Sojaöl mit Sojasauce, Zitronensaft und Sambal Oelek in einer Schüssel verquirlen. Alle vorbereiteten Zutaten dazugeben und im Dressing wenden. Den Salat abschmecken und in eine Lunchbox füllen. Die Cashewkerne grob hacken und darüberstreuen.

TAKE 5

Für 1 Person • 15 Min. Zubereitung • Pro Portion ca. 705 kcal, 22 g E, 49 g F, 44 g KH

WALNUSS-WRAP-FLAMMKUCHEN

EINFACH

1 Tortillafladen (z. B. Multigrain,
    25 cm ∅; ca. 70 g)
40 g Schmand
40 g Walnusskerne
30 g magere rohe Schinkenwürfel
Salz, Pfeffer
½ Bund Schnittlauch

1 Den Backofen auf 225° vorheizen. (Hat der Backofen eine Taste für schnelles Aufheizen, diese dazuschalten, das spart Zeit.) Ein Backblech mit Backpapier belegen. Den Tortillafladen auf das Backpapier legen und den Schmand mithilfe eines Teigschabers gleichmäßig darauf verstreichen.

2 Die Walnusskerne grob hacken und zusammen mit den Schinkenwürfeln gleichmäßig auf dem Schmand verteilen. Alles mit Salz und Pfeffer würzen.

3 Das Blech in den heißen Ofen (unten) schieben und den Flammkuchen ca. 5 Min. backen. Inzwischen den Schnittlauch waschen, trocken tupfen und in feine Röllchen schneiden. Das Blech aus dem Ofen holen, den Flammkuchen auf einen Teller geben, mit dem Schnittlauch bestreuen, in Stücke schneiden und sofort genießen.

GU CLOU

Ob Weinfest oder Weihnachtsmarkt – Flammkuchen sind überall beliebt. Bei unserer Blitz-Variante sorgt ein Tortillafladen für die tragfähige Basis. Getoppt haben wir ihn mit Walnüssen und Schinken, aber auch die klassische Kombi aus Speck und Zwiebeln kann auf dem dünnen Boden zubereitet werden.

Für 1 Person • 15 Min. Zubereitung • Pro Portion ca. 565 kcal, 19 g E, 24 g F, 67 g KH

PFIFFERLINGS-RISOTTO 🍃

AUS ITALIEN

2 Frühlingszwiebeln
1 EL Olivenöl
80 g 8-Minuten-Reis
175 ml Gemüsebrühe
1 kleines Glas Pfifferlinge
  (ca. 100 g Abtropfgewicht)
30 g Parmesan
Salz, Pfeffer

1 Die Frühlingszwiebeln putzen und waschen. Die weißen Teile klein würfeln, das Grün in feine Ringe schneiden. Das Olivenöl in einem kleinen Topf erhitzen und die weißen Frühlingszwiebelwürfel darin bei mittlerer Hitze leicht anschwitzen. Den 8-Minuten-Reis einrühren und ca. 30 Sek. mitdünsten, dann die Gemüsebrühe dazugießen.

2 Die Brühe zum Kochen bringen und anschließend die Hitze reduzieren. Frühlingszwiebeln und Reis bei kleiner bis mittlerer Hitze offen unter häufigem Rühren ca. 5 Min. garen.

3 Die grünen Frühlingszwiebelringe und die Pfifferlinge mitsamt dem Sud zum Reis geben und alles in 3–4 Min. fertig garen. Den Parmesan reiben, die Hälfte unterrühren und schmelzen lassen. Den Risotto mit Salz und Pfeffer abschmecken und auf einen Teller geben. Mit dem restlichen Parmesan (15 g) bestreuen und genießen.

Für 1 Person • 15 Min. Zubereitung • Pro Portion ca. 525 kcal, 16 g E, 43 g F, 14 g KH

TOMATENSUPPE MIT BURRATA

SOMMERLICH

2 TL Olivenöl
1 kleine Knoblauchzehe
200 g passierte Tomaten
 (1 kleines Tetrapak)
Salz, Pfeffer
2 EL Mandelblättchen
1 Burrata-Käse (100 g Abtropf-
 gewicht)
10 g Rucola

1 Das Olivenöl in einem kleinen Topf erhitzen. Den Knoblauch schälen, dazupressen und bei mittlerer Hitze leicht anbraten. Die passierten Tomaten dazugeben und ca. 5 EL Wasser hinzufügen. Die Tomaten mit Salz und Pfeffer würzen und bei mittlerer Hitze ca. 5 Min. kochen lassen.

2 Inzwischen die Mandelblättchen in einer kleinen Pfanne ohne Fett goldbraun rösten. Die Pfanne von der Herdplatte ziehen. Den Burrata-Käse abtropfen lassen. Den Rucola waschen, trocken schütteln und ohne die groben Stiele in Streifen schneiden.

3 Die Tomatensuppe mit Salz und Pfeffer abschmecken und in einen tiefen Teller füllen. Die Burrata in der Mitte hineinsetzen, alles mit dem Rucola und den Mandelblättchen toppen. Sofort genießen, damit die Burrata durch die Hitze schön cremig wird.

Für 1 Person • 15 Min. Zubereitung • Pro Portion ca. 945 kcal, 58 g E, 40 g F, 86 g KH

TAGLIATA-WRAPS

HERZHAFT

1 Rindersteak (z. B. Rumpsteak;
ca. 180 g)
1 EL Öl
Salz, Pfeffer
2 Tortillafladen (z. B. Multigrain;
25 cm ∅; je ca. 70 g)
50 g Ziegenfrischkäse
1 Römersalatherz
½ rote Paprika

1 Das Steak trocken tupfen. Das Öl in einer Pfanne erhitzen und das Steak darin pro Seite ca. 30 Sek. scharf anbraten. Die Hitze etwas reduzieren und das Steak pro Seite noch 1–2 Min. braten, zwischendurch mit Salz und Pfeffer würzen. Anschließend das Fleisch ca. 2 Min. zugedeckt ruhen lassen.

2 Inzwischen die Tortillafladen auf die Arbeitsfläche legen und mit dem Ziegenfrischkäse bestreichen. Das Römersalatherz waschen, gut trocken schütteln und in breite Streifen schneiden. Die Paprikahälfte waschen, weiße Trennwände und Kerne entfernen und die Hälfte in lange, schmale Streifen schneiden.

3 Das Steak in 1 cm dicke Scheiben schneiden. Salat, Paprika und Steakstreifen auf die Tortillafladen verteilen und diese aufrollen, dabei eine Seite nach innen einschlagen, damit die Zutaten nicht herausfallen können.

Für 1 Person • 15 Min. Zubereitung • Pro Portion ca. 470 kcal, 16 g E, 21 g F, 48 g KH

BASILIKUMPILZE MIT POLENTA 🍃

VEGAN

5 getrocknete Soft-Tomaten
½ TL Gemüsebrühe (Instant)
50 g Polenta (feiner Maisgrieß)
250 g Champignons
2 EL Olivenöl
½ Bund Basilikum
Salz, Pfeffer

1 Die getrockneten Soft-Tomaten in kleine Würfel schneiden und zusammen mit 250 ml Wasser und der Instant-Brühe in einen kleinen Topf geben. Die Mischung aufkochen, die Polenta einrühren und bei ganz kleiner Hitze quellen lassen, bis die Pilze fertig sind.

2 Die Champignons putzen und mit einem feuchten Tuch abreiben, dann eventuell etwas kleiner schneiden. Das Olivenöl in einer Pfanne erhitzen und die Champignons dazugeben. Unter gelegentlichem Rühren bei mittlerer bis großer Hitze ca. 5 Min. braten.

3 Inzwischen das Basilikum waschen und trocken schütteln, die Blätter abzupfen und in feine Streifen schneiden. Wenn die Pilze gut angebraten sind und etwas Saft gezogen haben, das Basilikum dazugeben und unter die Pilze rühren. Die Mischung mit Salz und Pfeffer abschmecken und mit der Polenta auf einem Teller anrichten.

Für 1 Person • 10 Min. Zubereitung • Pro Portion ca. 480 kcal, 11 g E, 36 g F, 28 g KH

MAIS-TOMATEN-SUPPE 🍃

SCHNELL

½ TL Gemüsebrühe (Instant)
30 g Polenta (feiner Maisgrieß)
80 g Kirschtomaten
2 Stängel Basilikum
2 EL Olivenöl
2 EL Pinienkerne
Salz, Pfeffer

1 Die Instant-Brühe mit 250 ml Wasser und der Polenta in einen kleinen Topf geben und unter Rühren zum Kochen bringen. Die Hitze reduzieren und die Polenta bei kleiner Hitze unter gelegentlichem Rühren ca. 8 Min. quellen lassen. Inzwischen die Kirschtomaten waschen und halbieren. Das Basilikum waschen und trocken tupfen, die Blätter abzupfen und in feine Streifen schneiden.

2 Das Olivenöl in einer kleinen Pfanne erhitzen und die Pinienkerne darin goldgelb anrösten. Die Tomaten einrühren und bei mittlerer Hitze 2–3 Min. garen, zwischendurch die Pfanne mehrmals schwenken.

3 Die Maissuppe mit Salz und Pfeffer abschmecken und in eine Schüssel oder einen tiefen Teller füllen. Mit der Tomaten-Pinienkern-Mischung sowie dem Basilikum toppen und gleich genießen.

HÄHNCHENSCHNITZEL MIT WALNUSS-SPINAT

LOW CARB

160 g Blattspinat (küchenfertig)
1 Hähnchenbrustfilet (ca. 180 g)
1 EL Olivenöl
Salz, Pfeffer
2 Prisen Cayennepfeffer
1 Knoblauchzehe
25 g Walnusskerne

1 Den Blattspinat in einem Sieb waschen und trocken schütteln, verlesen und ggf. vorhandene sehr grobe Stiele abzwicken. Das Hähnchenbrustfilet trocken tupfen und quer halbieren, sodass man zwei dünne Schnitzel erhält. Die Schnitzel mit den Handballen eventuell ein wenig flach drücken, damit sie überall nahezu gleich dick sind.

2 Das Olivenöl in einer Pfanne verteilen und erhitzen. Die Hähnchenschnitzel darin bei großer Hitze pro Seite ca. 30 Sek. scharf anbraten. Die Hitze reduzieren und die Schnitzel bei mittlerer Hitze pro Seite noch ca. 3 Min. braten, zwischendurch mit Salz, Pfeffer und Cayennepfeffer würzen.

3 Inzwischen den Knoblauch schälen und in feine Stifte schneiden. Die Walnusskerne etwas kleiner hacken.

4 Die Hähnchenschnitzel aus der Pfanne heben, auf einen Teller legen und zudecken. Den Knoblauch und die Walnusskerne in die Pfanne geben und leicht anbraten, dann den Spinat dazugeben. Den Spinat bei mittlerer Hitze ca. 1 Min. erhitzen und ein wenig garen, er soll aber nicht komplett zusammenfallen. Den Spinat mit Salz und Pfeffer abschmecken und zu den Hähnchenschnitzeln geben.

SINGLE-SOULFOOD

Für 1 Person • 15 Min. Zubereitung • Pro Portion ca. 810 kcal, 53 g E, 38 g F, 62 g KH

STEAK IN KAFFEE-SAHNESAUCE

ETWAS BESONDERES

1 Zweig Rosmarin (ersatzweise
   ½ TL getrockneter Rosmarin)
1 Hüftsteak (ca. 180 g)
1 EL Olivenöl
Salz, Pfeffer
80 g grüne Bandnudeln
2 Schalotten
30 g Kirschtomaten (nach Belieben)
1 TL Butter
75 g Sahne zum Kochen
½ Portions-Stick löslicher Espresso
   (ca. 1 g; siehe Tipp)

GUT ZU WISSEN

Löslicher Espresso wird unter
anderem in Foliensticks ver-
kauft. Ein Stick enthält 2 g, aus-
reichend für einen Espresso.
Alternativ kann man für die
Sauce ca. 1 TL gefriergetrock-
neten Espresso oder ein Täss-
chen sehr starken frisch ge-
brühten Espresso nehmen.

1 Den Rosmarin waschen und abtrocknen, die Nadeln abzup-
fen und etwas kleiner hacken. Das Steak trocken tupfen. Das
Öl mit dem Rosmarin sowie Salz und Pfeffer verrühren und das
Steak darin wenden.

2 In einem Topf ca. 1 l Wasser mit etwas Salz zum Kochen
bringen. Die Nudeln darin nach Packungsanweisung bissfest
kochen. Gleichzeitig eine (schwere) Pfanne stark erhitzen. Das
marinierte Steak hineinlegen und pro Seite ca. 1 Min. scharf
anbraten, dann pro Seite noch ca. 2 Min. braten.

3 Inzwischen die Schalotten schälen und in Spalten schneiden. Nach Belieben die Kirschtomaten waschen und halbieren.
Das Steak aus der Pfanne nehmen und gut zugedeckt nach-
ziehen lassen. Schalotten, Tomaten und Butter in die Pfanne
geben und bei mittlerer Hitze ca. 2 Min. braten. Die Sahne und
das Espressopulver einrühren, alles gut durchrühren, aufkochen
und mit Salz und Pfeffer abschmecken.

4 Die Nudeln in ein Sieb abgießen und gut abtropfen lassen,
zusammen mit dem Steak und der Sauce anrichten. Dazu passt
ein schneller Salat aus einer fertigen Blattsalatmischung.

Kaffee kennen wir alle als Muntermacher-Drink, aber er kann weit mehr. Dank der Röstung stecken in den Bohnen viele Aromen, die bestens zu Fleischgerichten passen. In Mexiko etwa wird Chili con Carne gern mit Kaffee abgerundet, hier verleiht er einer samtigen Sauce besonderen Pfiff.

CHILI-WAFFELN MIT DIP 🍃

PREISWERT

FÜR DIE WAFFELN

1 kleine rote Chilischote
2 Eier
50 g Mehl
3 EL Öl
Salz, Pfeffer

FÜR DEN DIP

½ Bund Petersilie (ersatzwei-
*   se 2 EL TK-Petersilie)*
100 g Joghurt (3,5 % Fett)
2 EL Ketchup
Salz, Pfeffer

AUSSERDEM

evtl. Öl für das Waffeleisen

WAFFELN: Für die Waffeln die Chilischote waschen, trocken tupfen, halbieren, weiße Trennwände und Kerne entfernen und die Hälften sehr fein hacken. Die Eier mit dem Mehl und dem Öl zu einem dickflüssigen Teig verrühren. Wenn der Teig zu fest ist, 1–2 EL Wasser unterrühren. Die Chilistücke sowie etwas Salz und Pfeffer unter den Teig rühren.

BACKEN: Ein Waffeleisen eventuell leicht mit Öl fetten und auf mittlerer Stufe aufheizen. Die Hälfte des Teigs in der Mitte auf dem Eisen verteilen. Das Eisen zumachen und den Teig in 2–3 Min. zu einer hellbraunen Waffel backen. Die fertige Waffel mit einer Zange oder Gabel herausheben und auf ein Kuchengitter setzen. Aus dem übrigen Teig eine weitere Waffel backen.

DIP: Parallel zum Backen der Waffeln die Petersilie waschen und trocken schütteln, die Blätter abzupfen und fein hacken. Etwas Petersilie beiseitelegen, den Rest mit dem Joghurt und dem Ketchup verrühren. Den Dip mit Salz und Pfeffer abschmecken und in ein Schälchen füllen.

FERTIGSTELLEN: Die fertigen Waffeln in einzelne Segmente teilen und auf einen Teller geben. Den Dip dazu servieren und alles mit der beiseitegelegten Petersilie bestreuen.

Für 1 Person • 10 Min. Zubereitung • Pro Portion ca. 750 kcal, 14 g E, 44 g F, 70 g KH

KOKOS-GRIESS MIT BRATAPFEL

SCHNELL

1 kleine Dose Kokosmilch
   (ca. 160 g)
100 ml Milch
50 g Grieß (Weichweizen)
1 EL brauner Zucker
1 Apfel mit roter Schale
   (z. B. roter Boskop)
1 TL Butter
1 EL Mandelstifte
2 EL Zitronensaft

1 Die Kokosmilch und die Milch in einen kleinen Topf geben und zum Kochen bringen. Den Grieß unter ständigem Rühren einrieseln lassen. Die Mischung mit 1 TL Zucker süßen und bei kleiner Hitze ca. 5 Min. quellen lassen, gelegentlich umrühren.

2 Während die Mischung quillt, den Apfel waschen und abtrocknen, vierteln und entkernen. Die Viertel längs in Spalten schneiden.

3 Die Butter in eine kleine Pfanne geben und erhitzen, bis sie aufschäumt. Die Mandelstifte und die Apfelspalten dazugeben und bei mittlerer Hitze leicht anbraten. Den restlichen Zucker (2 TL) darüberstreuen und leicht karamellisieren lassen, dann die Apfelspalten mit dem Zitronensaft beträufeln. Den Kokos-Grieß in eine Schüssel geben und den Bratapfel darauf anrichten.

Für 1 Person • 15 Min. Zubereitung • Pro Portion ca. 580 kcal, 51 g E, 23 g F, 40 g KH

ZITRONENHÄHNCHEN MIT POLENTA

ITALIENISCH

1 Hähnchenbrustfilet
(ca. 180 g)
½ Bio-Zitrone
2 Schalotten
½ TL Hühnerbrühe (Instant)
50 g Polenta (feiner Maisgrieß)
2 EL Pesto (Sorte nach Ge-
schmack)
1 EL Olivenöl
Salz, Pfeffer

1 Das Hähnchenbrustfilet trocken tupfen und längs in 1–2 cm dicke Scheiben schneiden. Die Zitronenhälfte heiß waschen und abtrocknen, die Schale fein abreiben und den Saft auspressen. Die Schalotten schälen und längs vierteln.

2 In einem kleinen Topf 200 ml Wasser mit der Instant-Brühe zum Kochen bringen. Die Polenta einrühren und bei kleiner Hitze 1–2 Min. garen. Das Pesto einrühren und die Polenta bei ganz kleiner Hitze weiter quellen lassen, bis das Hähnchen fertig ist.

3 Inzwischen das Öl in einer Pfanne verteilen und erhitzen. Das Hähnchen darin bei großer Hitze pro Seite ca. 30 Sek. anbraten. Die Schalotten dazugeben und 1–2 Min. mitbraten, zwischendurch umrühren. Zitronensaft und -schale dazugeben, alles mit Salz und Pfeffer würzen und aufkochen lassen. Die Polenta abschmecken und mit dem Zitronenhähnchen anrichten.

SCHNITZELCHEN MIT SÜSSKARTOFFELN

ETWAS BESONDERES

1 Süßkartoffel (ca. 250 g)
1 kleines dünnes Schweineschnitzel
 (ca. 90 g)
1 kleines dünnes Putenschnitzel
 (ca. 90 g)
2 Schalotten
2 EL Olivenöl
Salz, Pfeffer
1 Handvoll bunte Sprossen (z. B.
 rote Rettichsprossen; ersatzweise
 zarte Spinatblätter)
100 ml trockener Roséwein

1 Die Süßkartoffel schälen und längs in ca. 1 cm dicke Schei-ben schneiden. Die Scheiben in 1 cm dicke Stifte schneiden.

2 Beide Schnitzel trocken tupfen und halbieren. Alle 4 Stücke mit dem Handballen gleichmäßig flach klopfen bzw. drücken. Die Schalotten schälen und in dünne Scheiben schneiden.

3 Die Süßkartoffelstifte mit 100 ml Wasser in einen kleinen Topf geben. Das Wasser aufkochen und die Süßkartoffeln mit fest aufgelegtem Deckel ca. 6 Min. köcheln lassen.

4 Inzwischen das Olivenöl in einer Pfanne erhitzen, die Schnit-zel hineinlegen und pro Seite ca. 30 Sek. scharf anbraten. Die Schalotten in die Pfanne geben, die Schnitzel mit Salz und Pfef-fer würzen und alles bei mittlerer Hitze noch 2–3 Min. braten. Inzwischen die Sprossen waschen und gut trocken tupfen.

5 Die Schnitzelchen aus der Pfanne auf einen Teller heben und zudecken. Den Wein in die Pfanne gießen und bei großer Hitze ein wenig einkochen lassen. Die Süßkartoffeln abtropfen lassen und neben den Schnitzelchen anrichten. Die Sauce mit Salz und Pfeffer würzen und darübergeben. Die Sprossen daneben verteilen.

Bunte Bowls sind auch für Singles bestens geeignet. Damit der Zeitaufwand gering bleibt, kommen Spinat, Champignons und Paprika roh in die Bowl, werden darin mit kochend heißer Brühe übergossen und dadurch ganz leicht gegart.

HÄHNCHEN-SPINAT-BOWL

VITAMINREICH

100 g Hähnchenbrustfilet
2 TL Olivenöl
Salz, Pfeffer
½ TL Currypulver
250 ml Gemüsebrühe
60 g rote Linsen
30 g Blattspinat
50 g kleine feste Champignons
1 kleine rote Snack-Paprika
2 EL Joghurt (3,5 % Fett)

1 Das Hähnchenbrustfilet trocken tupfen und in kleine Würfel schneiden. Das Olivenöl in einer kleinen Pfanne verteilen und erhitzen. Das Hähnchenfleisch darin bei großer Hitze unter gelegentlichem Rühren ca. 1 Min. scharf anbraten. Das Fleisch mit Salz, Pfeffer und etwas Currypulver würzen und bei ganz kleiner Hitze warm halten, während die anderen Zutaten zubereitet werden.

2 Parallel dazu die Gemüsebrühe in einem kleinen Topf zum Kochen bringen. Die Linsen dazugeben und bei mittlerer Hitze ca. 6 Min. köcheln lassen, bis sie bissfest sind.

3 Inzwischen den Blattspinat waschen, die groben Stiele entfernen, die Blätter etwas kleiner schneiden und in eine große Bowl geben. Die Champignons mit einem feuchten Tuch abreiben, in dünne Scheiben schneiden und neben den Spinat geben. Die Snack-Paprika waschen, halbieren, weiße Trennwände und Kerne entfernen und die Hälften längs in dünne Steifen schneiden. Neben Spinat und Pilze geben.

4 Das Hähnchenfleisch neben die anderen Zutaten in die Bowl füllen. Die Linsen kochend heiß darübergeben, dabei die Brühe gut über Spinat und Pilze verteilen, die Linsen eher neben die anderen Zutaten geben. Alles mit dem Joghurt toppen und mit etwas Currypulver bestreuen.

Für 1 Person • 15 Min. Zubereitung • Pro Portion ca. 705 kcal, 34 g E, 28 g F, 77 g KH

SPAGHETTI MIT GARNELEN-SAHNE-SAUCE

EINFACH

Salz
100 g Spaghetti (Koch-
* zeit 7–9 Min.)*
½ Bio-Zitrone
1 Zwiebel
100 g geschälte gegarte Garnelen
1 EL Olivenöl
75 g Schmand
Salz, Pfeffer
2 EL TK-Schnittlauchröllchen

1 In einem Topf ca. 1 l Wasser mit wenig Salz zugedeckt zum Kochen bringen. Die Spaghetti hineingeben und nach Packungsanweisung bissfest kochen.

2 Parallel dazu (bereits damit beginnen, während das Nudelwasser erhitzt wird) die Zitronenhälfte heiß waschen und abtrocknen. Die Schale abreiben und den Saft auspressen. Die Zwiebel schälen und in kleine Würfel schneiden. Die Garnelen gut trocken tupfen.

3 Das Olivenöl in einer Pfanne erhitzen und die Zwiebelwürfel darin bei mittlerer Hitze glasig andünsten. Die Garnelen dazugeben und bei großer Hitze pro Seite 1–2 Min. anbraten. Den Schmand sowie den Zitronensaft und die Zitronenschale einrühren, die Sauce einmal aufkochen lassen und mit Salz und Pfeffer abschmecken.

4 Die Spaghetti in ein Sieb abgießen und gut abtropfen lassen, dann in die Pfanne geben und mit der Sauce vermischen. Das Ganze auf einen Teller geben, mit den Schnittlauchröllchen bestreuen und sofort genießen.